Wolfgang Schnepper

Fußball: Wunderfußballer / Wundersystem

Wolfgang Schnepper, Jahrgang 1964, Diplomsportlehrer,
Ex-Bezirksligaspieler im Fußball,
Fußballabitur mit der Note "sehr gut"
1988-89 in der deutschen Triathlonspitze,
1990 Bayerischer Meister im Body-Building,
1998 Konditionstrainer im bezahlten Fußball
2003 - 2006 Sportlehrer an einer Gesamtschule

Bibliografische Informationen der Deutschen
Nationalbibliothek: Die Deutsche Nationalbibliothek
verzeichnet diese Publikation in der Deutschen
Nationalbibliografie; detaillierte bibliografische Daten sind
im Internet über http://dnb.d-nb.de abrufbar.

©2021 Wolfgang Schnepper
Herstellung und Verlag: BoD - Books on Demand,
Norderstedt
Satz und Layout: Wolfgang Schnepper

ISBN 978-3-7526-4588-0

Inhalt

Vorwort

Die besten Fußballer aller Zeiten heißen wohl Arthur Friedenreich, Pele, Cristiano Ronaldo und Messi. Die meisten Experten werden dieser Auswahl zustimmen.

Es können natürlich nur Fußballer beachtet werden, die ihre Fußballkarriere bereits beendet oder einen großen Teil davon abgeschlossen haben wie Cristiano Ronaldo oder Messi.

Nun stellt sich aber die Frage, wer wird der nächste Wunderfußballer und mit Abstand der beste Fußballer aller Zeiten sein.

Wir suchen hier keinen Spieler, der den anderen vier Ausnahmespielern ungefähr ebenbürtig ist, sondern einen Wunderfußballer, der diesen weit überlegen sein wird.

Der Autor gibt ihnen die Antwort, und beschreibt diesen bald auftretenden Profi-Fußballer. Dieser Ausnahmespieler wird mit Abstand der beste Fußballer aller Zeiten sein.

Lassen Sie sich überraschen, wer dieser Spieler sein wird. Der Autor gibt Ihnen in diesem Buch die Antwort.

Doch dieser Fußballer wird auch in einem neuen Fußballsystem spielen. Hierbei wird er von anderen Spielertypen unterstützt werden, die eine hohe Spielintelligenz, Athletik und Technik besitzen.

Diese Wundermannschaft wird in den nächsten Jahren in Erscheinung treten, und praktisch unbesiegbar sein.

Doch welcher Verein wird diese Mannschaft in einigen Jahren hervorbringen?

 # Wunderfußballer

Nun stellt sich die Frage, wer wird dieser Wunderfußballer sein?

Es kann nur ein Spieler sein, der noch einmal deutlich besser sein wird alle bisherigen Fußballer. Doch wer ist dieser Spieler? Steht er schon als Profi auf dem Platz, ein ganz junger Spieler?

Nein, noch ist dieser Wunder-Fußballer nicht erkennbar. Die Ausnahmespieler wie Eden Hazard (27) von FC Chelsea, Raphael Varane (25) von Real Madrid, Mohamed Salah (26 Jahre) von FC Liverpool, Kylian Mbappe (19 Jahre) von Paris Saint-Germain, Antoine Griezmann (27) von Atletico Madrid, Luka Modric (33) von Real Madrid noch Erling Haaland (19) von Borussia Dortmund werden diesen Platz vermutlich einnehmen können. Es muss ein Spieler sein, der diese absoluten Ausnahmespieler noch einmal deutlich übertrifft. Dies ist theoretisch durchaus möglich, und wird irgendwann in Erscheinung treten. Dieser Athlet und Fußballer kann in ein paar Jahren auf der "Bühne" auftauchen, es können aber auch noch 10 bis 20 Jahre vergehen. Es ist nur eine Sache der Wahrscheinlichkeitsrechnung. Die Gene dieses Fußballers müssen halt einfach perfekt ausgestattet sein, wie zum Beispiel in der Leichtathletik bei dem Sprinter Usain Bolt. Aber dieser Spieler wird kommen, vorausgesetzt es kommt nicht zu einem Weltkrieg, einer riesigen Wirtschaftskrise, Mega- Naturkatastrophen, extremen Pandemien (aktuell Corona / Covid 19 könnte sich dazu entwickeln / Stand 3.5.2021 und die letzten geschriebene Zeilen in diesem Buch) oder sonstiges, was dann auch den Fußballsport in die "Steinzeit" zurückwirft.

 # Wunderfußballer

Folgende Punkte werden wir hier abhandeln, die der mit Abstand beste Fußballer aller Zeiten hervorragend erfüllen muss:

1. Schusskraft und Schussgenauigkeit

2. Dribbeln, Passen, Finten

3. Schnellkraft, Sprintbeschleunigung, Grundschnelligkeit, Sprungkraft usw.

4. Kopfballstärke

5. Fußballspezifische Ausdauer

6. Spielübersicht

7. Spielintelligenz

8. Körperliche Robustheit

9. Immunsystem

10. Psychologische Faktoren wie zum Beispiel Resilienz, Führungsqualitäten

 **Wunderfußballer**

1. Schusskraft und Schussgenauigkeit

Der beste Fußballer aller Zeiten muss natürlich über eine hervorragende Schussgenauigkeit und Schusskraft verfügen. Logischerweise ist die Schussgenauigkeit dabei wichtiger. Betrachten wir erst einmal die fünf besten Fußballer in Bezug auf die Schussgeschwindigkeit.

Auf dem fünften Platz liegt hier David Beckham mit 156,6 km/h. Aber besondere Aufmerksamkeit erweckte dieser Ausnahmespieler wegen seiner präzisen Bogenflanken und perfekt und gefühlvoll getretenen Freistüößen.

Auf dem vierten Platz folgt David Trezeguet mit 156,8 km/h. Der französische Stürmer David Trezeguet gehörte zu den besten Stürmern seiner Generation und erzielte 10 Jahre lang für Juventus Turin Tore.
Den Treffer mit der höchsten Geschwindigkeit erzielte er allerdings für den AS Monaco im Champions League Spiel gegen Manchester United im Jahr 1998.
Mit 156,8 km/h hämmerte Trezeguet den Ball ins Tor der Red Devils. Das ist bis heute (Stand Februar 2020) der härteste Treffer der Champions League Geschichte

Den dritten Platz nimmt David Hirst mit 182,4 km/h ein. Er ist ein ehemaliger Fußballer, der überwiegend für Sheffield Wednesday in der Premier League auf Torejagd ging.

 # Wunderfußballer

Auf Platz 2 kommt Arjen Robben unter Vorbehalt mit 190 km/h.

Dass Arjen Robben einen der härtesten Schüsse im Fußball hat, ist weltweit bekannt. Er läuft oft von rechts nach innen, um dann mit links auf das Tor zu schießen.

Obwohl diese Strategie mittlerweile bekannt ist, ist diese trotzdem schlecht abzublocken, weil Robben auch noch extrem schnell ist und Robben immer wieder zum Abschluss kommt. Seinen härtesten Treffer erzielte Robben allerdings nur durch Volleyabnahme im Trikot von Real Madrid gegen Borussia Dortmund.

Bei Volleyabnahmen ist eine wesentlich höhere Geschwindigkeit des Balles aus physikalischen Gründen möglich. Natürlich gehen wir hier auf die spezielle Physik nicht weiter ein, weil sie für unser Thema unwichtig ist.

Weiterhin ist es nicht hundertprozentig bewiesen, ob der Ball wirklich mit 190 km/h ins Tor einschlug.

 # Wunderfußballer

Auf Platz 1 liegt Ronny mit 210,9 km/h.
Sechs Jahre erzielte Ronny, der jüngere Bruder von Gladbachs
Spielmacher Raffael, für Hertha BSC die Tore.

Seinen berühmtesten Treffer schoss für Sporting Lissabon.
Dabei donnerte er in der 88. Minute einen Freistoß zum 1:0
Siegtreffer ins gegnerische Tor. Die hierbei gemessene
Geschwindigkeit betrug unglaublichen 210,9 km/h!
Einen Schuss über 200 km/h hätte niemand für möglich ge-
halten. Darum wurden technische Untersuchungen durchge-
führt, um zu prüfen, ob solch eine hohe Geschwindigkeit
überhaupt möglich ist.
Professor José Soares von der Sportfakultät der Universität in
Porto überprüfte das und kam zu einem eindeutigen Ergeb-
nis, dass bei einer optimalen Technik diese Geschwindigkeit
möglich ist.

 # Wunderfußballer

Welche Schussqualitäten wird nun der absolute Ausnahmefußballer aufweisen?

Dieser Fußballer wird natürlich beidfüßig sein. Der bessere Fuß wird dabei der linke sein. Der Schuss eines perfekten "Linksfußes" ist immer etwas genauer als der eines "Rechtsfußes". Dieser Ausnahmefußballer wird also Eck-, Frei- und Strafstöße mit einer hohen Präzision treten. Hierbei wird er eine hohe Schussgeschwindigkeit mit perfekter Flugbahn verbinden. Er braucht keine Schussgeschwindigkeiten von 200 km/h erreichen. Seine Freistöße werden dem Ball eine Geschwindigkeit von 100 bis 150 km/h mitgeben. Natürlich werden nicht alle Freistöße verwandelt werden. So einen Fußballer wird es niemals geben. Er wird aber fast alle Strafstöße verwandeln, und sogar den ein oder anderen Eckstoß direkt in ein Tor ummünzen.

Wunderfußballer

2. Dribbeln, Passen, Finten

Dieser Punkt ist naturlich leicht abzuarbeiten. Messi war in diesen drei Punkten mit Maradona absolut ebenbürtig. Mit einem einzigen Unterschied, bei Messi ist alles noch ein klein wenig schneller und die Ballführung noch enger.

Bei unserem absoluten Ausnahmespieler wird halt alles noch einmal etwas perfekter, genauer und schneller ablaufen. Die Ballführung wird noch enger und schneller sein. Die Passgenaugkeit wird bei 98 bis 99 Prozent liegen. Durch die extreme Schnelligkeit und hohe Variation an Finten werden etwa 90 Prozent aller Zweikämpfe gewonnen.

Ist das alles Theorie oder wird das auch in der Praxis möglich sein? Ich bin fest davon überzeugt, dass es einen solchen Spieler irgendwann geben wird. Theoretisch spricht überhaupt nichts dagegen. Dieser Ausnahmespieler wird kommen, wie der Ausnahmesprinter Usain Bolt in der Leichtathletik.

 # Wunderfußballer

---

3. Schnellkraft, Sprintbeschleunigung, Grundschnelligkeit, Sprungkraft usw. / 4. Kopfballstärke

Nun stellt sich als nächste Frage, welche Sprinterqualitäten muss unser Super-Athlet erfüllen. Eines ist sicher, er muss schneller sein als die meisten Fußball-Profis.
Schauen wir uns die schnellsten Fußballer genauer an, und betrachten hierbei zunächst die Grundschnelligkeit.

10. Sergio Ramos: 30,6 km/h

9. Franck Ribery: 30,7 km/h

8 Wayne Rooney: 31,2 km/h

7. Lionel Messi: 32,5 km/h

6. Theo Walcott: 32,7 km/h

5. Cristiano Ronaldo: 33,6 km/h

4. Aaron Lennon: 33,8 km/h

3. Antonia Valencia: 35, 1 km/h

2. Jürgen Damm: 35,2 km/h

1. Der Waliser Gareth Bale mit 36,9 km/h (!) und Arjen Robben mit 37,0 km/h (!) wollen wir auf den ersten Platz setzen
.

# Wunderfußballer

Diese Reihenfolge kann sich jederzeit ändern, und entspricht dem Stand von März 2020.

Doch was bedeuten diese Zahlen genauer im Vergleich zu Usain Bolt, der eine Höchstgeschwindigkeit von über 45 km/h laufen kann bzw. konnte. Zwischen 37 und 45 km/h ist ja noch ein riesiger Unterschied. Dies wird aber dadurch relativiert, dass auf dem Rasenplatz und oft auch durch krumme Laufwege keine optimalen Sprintbedingungen gegeben sind. Weiterhin sind Fußballschuhe auch zu schwer für die optimale Geschwindigkeit. D.h. unter perfekten Bedingungen mit Nagelschuhen (Spikes) würde Robben vermutlich 39 km/h erreichen, fast ein Spitzensprinter.

Wie schnell kann Arjen Robben nun in etwa die 100 Meter laufen, und zwar auf Tartan und mit Spikes bei optimalen Temperaturen und erlaubtem Rückenwind?

Dies können wir leicht errechnen mit den nötigen Vorkenntnissen. 39 km/h entspricht 10,83 Meter pro Sekunde. Das wiederum bedeutet eine Zeit über 100 Meter von 9,23 Sekunden bei gleichbleibender Geschwindichkeit. Nun müssen wir aber noch 1,2 Sekunden für die Beschleunigungsphase und Sprintausdauer einrechnen (39 km/h kann nicht nach der Beschleunigung permanent gehalten werden). So kommen wir auf eine 100 Meter Zeit von 10,43 Sekunden. Nach einem Exkurs werden wir die Beweise finden, dass dieses tatsächlich der Wahrheit entspricht, obwohl es unglaublich klingt. Die schnellsten Fußballer der Welt sind fast genau so schnell wie die besten deutschen Sprinter, es fehlen nur ein bis zwei Zehntel, als ein bis zwei Meter etwa.

 # Wunderfußballer

Exkurs: Warum machen Spikes und Tartan so viel schneller oder warum haben die Ungaren dieses Endspiel verloren?

Ja, liebe Leserinnen und Leser diesen Zusammenhang werde ich ihnen jetzt verdeutlichen. Spikes bzw. Nagelschuhe sind viel leichter als Fußballschuhe. Das Schuhgewicht betraf auch 1954 das WM-Endspiel zwischen Deutschland und Uhgarn.

Die Hauptursache für den deutschen Erfolg war der **Regen** während des Endspiels, und das ist kein schlechter Witz. Ohne den Regen hätte Deutschland keine Chance gegen Ungarn gehabt.

Die von **Adolf „Adi" Dassler** entwickelten Fußballschuhe mit Schraubstollen verschafften den deutschen Spielern den entscheidenen Vorteil.

Während die durch den Dauerregen aufgeweichten Schuhe der ungarischen Spieler ihr Gewicht auf 1500 Gramm verdoppelten, wogen die Schuhe der deutschen zu diesem Zeitpunkt lediglich 700 Gramm. Die neuen Schuhe von Adidas nahmen kein oder nur wenig Wasser auf, außerdem boten die neuen Schraubstollen einen viel besseren Halt auf dem aufgeweichten Untergrund. Nach unserer Überzeugung waren diese beiden Faktoren der Hauptgrund für den Sieg der deutschen Nationalmannschaft.

So, jetzt können schlaue „Füchse" sagen, „was machen denn 800 Gramm bei einem Körpergewicht von 65 bis 85 Kilogramm der einzelnen Spieler aus"?

Wunderfußballer

Die positiven Auswirkungen von Wettkampfschuhen werden noch heute von vielen Sportlern unterschätzt. Gehen wir hier einmal zum Langstreckenlauf der Leichtathletik. Die Läuferinnen und Läufer im vorderen Feld tragen ausschließlich leichte Laufschuhe, im hinteren sehen wir oft eine schwere Fußbekleidung. Man könnte nun zu folgender Schlussfolgerung kommen, dass die guten Platzierungen über das Gewicht der verwendeten Schuhe erzielt werden. Das ist natürlich nicht so, weil die schwereren Läuferinnen und Läufer auch meistens die schweren Trainingsschuhe im Wettkampf tragen.

Fragt man die betreffenden Personen, warum sie die schweren Schuhe tragen, bekommt man meistens folgende Antwort:"Ich brauche die Dämpfung für meine Gelenke, sonst halte ich den Wettkampf nicht durch". Aber diese Argumentation stimmt nicht, denn je stärker die Dämpfung eines Schuhs, desto mehr Energie geht verloren.

Jahrzehntelang entwickelte die Industrie irgendwelche Dämpfungssysteme in den Schuhen wie Schaum, Luftpolster, Waben usw. Geholfen hat das aber überhaupt nichts, die Verletzungshäufigkeit blieb gleich, die Laufzeiten wurden aber schlechter. Die Läuferinnen und Läufer konnten sich allerdings einfach beim Auftritt in den Schuh fallen lassen, mussten sich dann aber mit umso größerer Kraft wieder abdrücken, was für ein Paradoxon.

Nun haben Wissenschaftler alle biomechanischen bzw. physikalischen Gesetze entdeckt, und bei den Laufschuhen werden sie wieder vergessen, traurig aber wahr.

Es wurde einfach nicht bedacht, dass die Muskulatur über eine Speicherfähigkeit der Auftrittskraft verfügt, und diese beim Abdruck wieder abgibt (kennt jeder aus dem kleinen Gummiball,

auch Flummi genannt, aus der Kindheit, den man auf den Fliesen fallen lässt, und der dann immer wieder springt mit relativ geringem Höhenverlust).

Doch kommen wir zurück zum Schuhgewicht. Das Gewicht am Fuß hat mindestens die 10-fach negative Wirkung wie die gleiche Masse, die am Rücken eines Sportlers fixiert ist. Warum das so ist, erscheint relativ schnell logisch, da der Fuß am Ende des „Hebels" liegt. Der Rumpf, einschließlich Becken, wird nur in der Beschleunigungsphase beschleunigt, und dann auf gleicher Geschwindigkeit gehalten. Die Beine, aber vor allem die Füße, müssen nun bei jedem Schritt wieder angehoben und beschleunigt werden. Damit ist klar, warum sich hier ein höheres Gewicht besonders negativ auswirkt. Die Laufgeschwindigkeit wird geringer, und der Energieverbrauch auf gleicher Strecke wesentlich höher.

Die ungarischen Spieler hatten nun im Regen 800 Gramm Schuhgewicht mehr zu beschleunigen und zu tragen, nach unserer Meinung war dies der Hauptgrund der verlorenen Fußball-Weltmeisterschaft 1954. Diesen Sachverhalt können wir auch empirisch belegen. Bei Zeitmessungen über 20 Meter aus dem Hochstart (ohne Reaktionszeit) ergaben sich hier erhebliche Zeitunterschiede des gleichen Athleten mit diesen unterschiedlichen Schuhgewichten von einmal 700 und 1500 Gramm. Mit den schwereren Schuhen waren die Sportler im Schnitt 0,15 Sekunden langsamer (elektronische Zeitmessung, die wir in der Halle auf Tartanboden vornahmen). Das entspricht etwa einen Unterschied von 1,3 Metern auf dieser kurzen Strecke, hinzu kommt noch der höhere Energieverbrauch mit den schweren Schuhen, der bei 90 Minuten Spieldauer extrem sein muss. Die ungarischen Spieler hatten also gegen Ende des Spiels einen

# Wunderfußballer

wesentlich höheren Ermüdungsgrad.

Hinzu kam auch noch, dass Puskas Verletzung noch nicht ganz auskuriert war, und ihm ein Tor wegen Abseits aberkannt wurde.

Fassen wir zusammen: Die Ursache für die Niederlage der Ungaren war der Regen, der Hauptgrund, die hiermit verbundenen schweren Schuhe. Vergessen dürfen wir jedoch auch nicht die Verletzung von Puskas und sein nicht anerkanntes Tor.

Aber warum ist man auf einer Tartan- bzw. Kunststoffbahn schneller als auf einem Rasenplatz?

Die Frage ist schnell beantwortet, weil der Wirkungsgrad auf den künstlichen Bahnen wesentlich höher ist. Hier ist der Boden absolut eben und auch die Nägel der Spikes dringen perfekt in den Untergrund ein. Die Füße verschieben sich beim Abstoss auf dem Boden keinen Millimeter nach hinten.

# Wunderfußballer

Doch kommen wir zum eigentlichen Thema zurück. Können Fußballer wirklich 100 Meter in 10,43 Sekunden unter optimalen Bedingungen zurücklegen?

Schauen wir uns doch die 100 Meter Zeiten der schnellsten Fußballer an , die uns vorliegen.

Mit seiner enormen Schnelligkeit war David Odonkor bei der WM 2006 der perfekte Joker und rettete das 1:0 gegen Polen. Er schaffte die 100 Meter in 10,6 Sekunden.

Der Real-Star Gareth Bale gab an, schon mit 14 Jahren der schnellste Sprinter seiner Schule gewesen zu sein. Auch in der Premier League war er deswegen gefürchtet. Er läuft die 100 Meter 100 Meter in 10,5 Sekunden.

Der Dortmunder Pierre-Emerick Aubameyang wurde im Sportstudio mal als "der Fußballer, der schneller als Usain Bolt ist" angesagt. Die 9,58s vom Jamaikaner läuft "Auba" allerdings nicht, aber mit 10,42 Sekunden auf 100 Metern ist er fast einmalig, wenn es Marvell Wynne nicht geben würde. Der US-Amerikaner dürfte jedem FIFA-Spieler bekannt sein durch seine unglaubliche Schnelligkeit. Er ist der schnellste, bisher gemessene Fußballer der Welt mit 10,39 Sekunden auf 100 Metern.
Arjen Robben wird allerdings zu seiner besten Zeit auch nicht wesentlich langsamer gelaufen sein. Damit ist bewiesen, dass Fußballer tatsächlich diese unglaublichen 100 Meter Zeiten laufen können.

 # Wunderfußballer

Welche Fähigkeiten in Bezug auf Schnellkraft, Sprintbeschleunigung, Grundschnelligkeit, Sprungkraft und Kopfballstärke muss nun unser "Fünfter Stern am Fußballhimmel" erfüllen?

Dieser Ausnahmefußballer wird eine 100 Meter Zeit zwischen 10,30 und 10,80 Sekunden laufen. Diese Zeit aber ist zweitrangig. Die Sprintbeschleunigung auf den ersten 10 bis 30 Meter wird viel wichtiger sein. Hier wird unser Athlet die 30 Meter ohne Reaktionszeit in etwa 3,60 bis 3,70 Sekunden zurücklegen. Das ist genau so schnell wie die besten Sprinter der Welt. Aus dieser 30 Meter Zeit muss sich zwangsläufig auch eine 100 Meter Zeit von mindestens 10,80 ergeben. Weiterhin ergibt sich aus diesen Sprintfähigkeiten eine enorme Sprungkraft. Diese muss kombiniert sein mit einer extremen Kopfballstärke, wie Cristiano Ronaldo sie besitzt. Folglich wird auch die Körpergröße zwischen 1,80 und 1,92 liegen. Eine gewisse Körperlänge wird für die nötige Sprunghöhe vorausgesetzt. Gleichzeitig darf die Größe nicht zu extrem sein, da ansonsten wiederum die Sprintbeschleunigung leidet.

 **Wunderfußballer**

5. Fußballspezifische Ausdauer

Diesen Aspekt können wir relativ schnell abhandeln. Unser absoluter Ausnahmefußballer wird während seiner Fußballentwicklung bis zum jungen Mann eine hervorragende spezifische Fußballausdauer aufbauen (die genetischen Voraussetzungen müssen natürlich gewährleistet sein).
Er wird lange und schnelle Laufwege wiederholt und ohne Probleme absolvieren, genau so wie häufige Tempowechsel. Schnelle Erholungsphasen während einer Partie mit Laufwegen von 10 bis 12 Kilometer sind an der Tagesordnung.
Ziehen wir einmal den alten Cooper-Test heran. Wie wird unser "Fünfter Stern" hier abschneiden?
Er wird in den 12 Minuten 3500 bis 3800 Meter zurücklegen. Also nicht mehr als die heutigen besten Fußball-Profis in dieser Disziplin.
Warum wird er keine 4000 bis 4200 Meter schaffen?
Die Sache ist ganz einfach erklärt. Über 4000 Meter in 12 Minuten kommt man in den Bereich von exzellenten Langstreckenläufern (oder die längere Mittelstrecke).
Befindet man sich aber in diesem ausdauertrainierten Zustand, leidet die Schnellkraft, Schnelligkeit und Sprungkraft enorm.
Auch hierfür gibt es eine ganz einfache Erklärung. Jeder Mensch besitzt weiße (phasische), rote (tonische) oder intermediäre Muskelfasern. Die prozentuale Zsammensetzung dieser Muskelfasertypen ist bei jedem Menschen anders. Unser Superathlet besitzt mehr weiße Muskelfasern als üblich, ansonsten würde eine außergewöhnliche Schnellkraft, Schnelligkeit und Sprungkraft nicht möglich sein.

 # Wunderfußballer

Würde unser spezieller Fußballler nun zu sehr auf Ausdauer trainiert werden, bekämen die intermediären Muskelfasern die Eigenschaften der roten Muskelfasern (dieser Prozess ist allerdings reversibel).

Damit würde er rapide an Schnelligkeit verlieren, und wäre nicht mehr der beste Spieler der Welt. Schnelligkeit in allen Bereichen und perfekte Technik ist das Wichtigste für Weltklasse-Fußballer.

Exkurs zu diesem Thema: Es gibt viele unterschiedliche Stürmertypen, die jeder in Fußballkreisen kennt. Da ist der Konterstürmer, der im vollen Lauf den Ball mitnehmen kann und eine große Spielübersicht besitzt; der Flügelstürmer mit hoher Grundschnelligkeit, präziser und wuchtiger Flanken, aber auch mit gefährlichem Torabschluss; der Mittelstürmer, der den Ball abschirmen kann, die Lücken in der gegnerischen Abwehr findet, dribbelstark ist und eiskalt mit dem Torschuss oder Kopfball abschließt; der Halbstürmer, der Jokerstürmer, der Aushilfsstürmer usw.

Aber der König der Stürmer ist immer seltener anzutreffen, da auch die Stürmer mit immer mehr Laufarbeit konfrontiert werden. In den meisten Fällen ist dies richtig, aber es gibt Ausnahmespieler, die davon befreit werden müssen, ansonsten werden diese Fußballer nie ihr maximales Leistungsvermögen erreichen.

Dieser Spielertyp wird von den meisten Trainern eher nicht erkannt und im Training und Wettspiel mit falschen Übungen und taktischen Einstellungen belastet.

Zuletzt sah ich (Wolfgang Schnepper) einen solchen Stürmer in der Verbandsliga.

 # Wunderfußballer

Er lief etwa im ganzen Spiel 2 km und hatte einen Aktionsradius eines „Kanaldeckels".

Befand sich aber der Ball in seiner Nähe, explodierte dieser Mittelstürmer förmlich und wenn er den Ball bekam, sah er nur noch das Tor und den Abschluss.

Ein bis zwei Tore schoss dieser Spieler durchschnittlich pro Spiel. Er war auf den ersten zehn Metern viel schneller als die Gegenspieler und besaß eine riesige Schusskraft.

Besitze ich einen solchen „Wunderstürmer", der mir 20 – 50 Tore pro Saison garantiert, aber an Wirksamkeit verliert, weil seine Laufwege und Aufgabenbereiche durch taktische Maßnahmen oder Positionsveränderung zugenommen haben, muss ich diesen Spieler von solchen Zusatzaufgaben entlasten und nur als Stürmer aufstellen, ansonsten wird eine taktische Anordnung zu einem Bumerang.

Es ist natürlich klar, dass ein solcher Spieler nicht in ein 4-6-0 System passt, wie z.B. in die spanische Nationalmannschaft.

Es ist auch klar, dass dieser Stürmertyp es gegen nationale oder internationale Top-Abwehrspieler sehr schwer hat, aber diese Extreme lassen wir hier außen vor.

Warum gibt es einen solchen Spielertyp?

Wir geben hier kurz eine physiologische Erklärung ab, warum bestimmte Athleten nicht ständig mit vielen Laufwegen und kämpferischen Aktionen konfrontiert werden dürfen.

Manchmal beobachten wir Stürmer, die uns „lauffaul" erscheinen, die aber förmlich explodieren, sobald sie in Ballnähe oder Ballbesitz sind. Diese Spielertypen sind extrem antrittsschnell und kaum vom Ball zu trennen.

# Wunderfußballer

Aber was unterscheidet diese Spieler körperlich von anderen?

Jeder Mensch besitzt langsame oder schnelle Muskelfasern, die langsamen sind gut für Ausdauerleistungen und die schnellen für Schnellkraft und Schnelligkeit.

Es gibt nun Stürmer, die überwiegend schnelle Muskelfasern in der Beinmuskulatur haben und damit den anderen Spielern an Schnelligkeit, Sprungkraft und Schusskraft weit überlegen sind (Voraussetzung ist natürlich eine gute Koordination und bei der Schusskraft eine gute Technik).

Konfrontiere ich diesen Spieler nun permanent mit Laufleistungen, übersäuern und ermüden diese Athleten und verlieren an Torgefährlichkeit, bis hin zur „Torharmlosigkeit".

Der Trainer muss solche Ausnahmespieler erkennen und dementsprechend in seine taktischen Maßnahmen einbauen, damit solche spielentscheidenen Athleten nicht durch eigene Maßnahmen blockiert werden.

Auch im Training werden diese Spieler nicht ständig mit harten, übersäuernden Trainingsübungen belastet, weil sonst die Dynamik darunter leidet.

Um dies zu verdeutlichen, stellen wir uns Folgendes vor: Trainiere ich einen 100m Sprinter zusätzlich regelmäßig mit harten Ausdauereinheiten, wird dieser über 100m bis zu einer Sekunde und mehr langsamer laufen.

Hier kann der Autor, Wolfgang Schnepper, aus eigener Erfahrung sprechen. Als er vom Fußball zum Triathlon wechselte, verschlechterte sich seine 100m Zeit innerhalb von einem halben Jahr von 11,3s auf 12,2s und nach vier Jahren auf 13,2s (dieser Prozess ist zum Glück umkehrbar).

# Wunderfußballer

6. Spielübersicht / 7. Spielintelligenz

Okay, diesen Punkt können wir leicht abhandeln. Unser "Fünfter Stern" muss eine hohe Spielintelligenz und Spielübersicht besitzen. Er muss Spielzüge antizipieren können. Ohne diese Eigenschaften kann niemand der beste Fußballspieler der Welt werden, weil dieser Fußballer nur durch Einzelaktionen glänzen kann. Das Abspiel erfolgt dann aber nicht oder nur unvollkommen durchdacht, und viele Pässe, ob kurz oder lang, verpuffen im Nichts.

8. Körperliche Robustheit / 9. Immunsystem / 10. Psychologische Faktoren wie zum Beispiel Resilienz, Führungsqualitäten

Auch diese Punkte sind logischerweise schnell zu klären. Unser absoluter Ausnahmefußballer besitzt eine hohe körperliche Robustheit. Seine Verletzungsanfälligkeit muss gering sein, ansonsten fällt er immer wieder durch Verletzungen aus, und seine Entwicklung leidet. In diesen Auszeiten kann der Spieler nicht durch Tore und Vorlagen glänzen. Durch viele solcher Auszeiten würde er dann immer wieder nur punktuell der beste Spieler der Welt sein.
Auch das Immunsystem ist hoch entwickelt, damit Erkältungen, grippale Infekte und echte Grippen möglichst selten auftreten. D.h., unser Superathlet zeichnet sich durch gesunde Ernährung aus, raucht nicht, trinkt zumindest fast keinen Alkohol und hat meistens ausreichende Nachtruhe und Erholungsphasen.

 # Wunderfußballer

Psychologische Faktoren / Führungsqualitäten / Psyche allgemein

Bei der allgemeinen Definition von Psyche wollen wir uns relativ kurz fassen. Die Psyche wird als ein Ort menschlichen Fühlens und Denkens aufgefasst
Sie ist die Gesamtheit aller geistigen Eigenschaften und Persönlichkeitsmerkmale eines Menschen. Im Gegensatz zur Seele beinhaltet die Psyche somit keine transzendenten Elemente.

In der Medizin nimmt man heute an, dass Körper (Physis) und Geist (Psyche) nicht grundsätzlich voneinander unabhängig sind, sondern sich gegenseitig beeinflussen können. Dies bezeichnet man als den allseits bekannten Ausdruck "Psychsomatik".

Unser "Fünfter Stern" muss also in seiner Kindheitsentwicklung folgendes durchlaufen haben, um Resilienz und Führungsqualitäten aufgebaut zu haben: (siehe nächste Seite)

 # Wunderfußballer

Psyche von Kindern

Die Psyche von Kindern ist somit ein Ort kindlichen Fühlens und Denkens. Kinder leben in einer "Kinderwelt", und diese darf nicht zerstört werden. Trainerinnen und Trainer müssen sich in diese Welt hineinversetzen wie auch die Eltern und Erzieherinnen und Erzieher es tun. Wir brauchen einen behutsamen Umgang gegenüber den kleinen Fußballern, denn "Kinderseelen" sind noch sehr zerbrechlich, und die Persönlichkeitsmerkmale sind natürlich in keinster Weise gefestigt.

Seien wir doch einmal ehrlich zu uns selbst, wenn ein Kind weint, "zerreißt" es doch förmlich unser Herz. Wir leiden genau so wie das betreffende Kind.

Doch lacht ein Kind laut, ausgelassen und volllkommen fröhlich, geht da nicht unser Herz auf und wir nehmen diese Freude nicht auch genau so auf.

Trainerinnen und Trainer freuen sich wenn Kinder Spaß am Training haben. Der Job als Kindertrainer wird meistens ehrenamtlich geleistet, man verdient kein Geld damit und ein hohes gesellschaftliches Ansehen bleibt meistens aus. Doch der Kindertrainer hat die höchste Verantwortung von allen Trainern überhaupt. Dies dürfte allein schon aus den obigen Definitionen klar geworden sein. Machen sie ihren Job gut, können diese Trainer sehr stolz auf sich sein und verdienen höchsten Respekt und Anerkennung.

Doch kommen wir zurück zur Psyche von Kindern.

Wunderfußballer

Psyche der Kinder und allgemeine Verhaltensweisen ihnen gegenüber

Die Förderung der psychischen Widerstandsfähigkeit von Kindern ist von extremer Bedeutung. Misserfolge sind von Kindern nur schwer wegzustecken, und müssen möglichst vermieden werden. D.h., eine konsequente Überforderung der Kleinen darf nicht passieren.

Mit den richtigen Herausforderungen können Eltern und Trainer helfen, die Psyche zu stärken.

Wie der Körper ein Immunsystem besitzt, gibt es auch für die Seele eine Art Immunsystem.

An Stelle von Bakterien und Viren wird dieses seelische Immunsystem durch Streit, Misserfolge oder Unglücksfälle belastet. Bei einen Streit zum Beispiel sind manche Kinder sehr selbstbewusst, und stecken dies einfach weg. Sie sind in der Lage viele belastende und kritische Erfahrungen zu bewältigen, ohne jeglichen Schaden zu nehmen. Diese psychische Widerstandsfähigkeit nennt die Wissenschaft „Resilienz". Andere Kinder hingegen ziehen sich nach einem Streit zurück, und müssen den Disput erst einmal verarbeiten.

Es gibt nun aber Methoden und Merkmale, die die Entwicklung von Resilienz fördern oder hemmen können.

So fanden Wissenschaftler tatsächlich heraus, dass resiliente Kinder wirklich über schützende Komponenten verfügen, die die psychische Widerstandsfähigkeit erhöhen. Diese zu kennen ist für Eltern, Erziehern und Trainern von hoher Bedeutung, denn dadurch kann man die Seele eines Kindes stärken.

Die primäre Stelle liegt natürlich im Elternhaus. Die Kinder brauchen eine stabile emotionale Bindung zu den Eltern, zu mindestens aber einem Elternteil. Diese brauchen einen verlässlichen und sensiblen Erziehungsstil. Hierbei wird das Kind unterstützt, gefördert, es bejaht und ihm möglichst viele Freiräume gegeben. Gleichzeitig müssen ihm aber auch möglichst freundlich und liebevoll altersgemäße Grenzen gesetzt werden. Denken wir daran, das Kinder noch nicht alle Gefahren kennen. Wenn wir Kindern zum Beispiel räumliche Begrenzungen auferlegen, dürfen diese nicht missachtet werden. Denken wir hier nur an den Straßenverkehr oder andere Gefahren außerhalb des gesetzten Raumes. Die Trainerin oder der Trainer muss diese räumlichen Begrenzungen natürlich auch absolut vorgeben. Jeder kann sich jetzt wohl plastisch vorstellen, welche Verantwortung man bei einem Kindertraining übernimmt.

Zusätzlich spielt die gesamte soziale Umgebung des Kindes eine entscheidende Rolle. Positive emotionale Beziehungen zu Freunden, Nachbarn, Verwandten, Trainerin oder Trainer usw. bieten einen „Zufluchtsort" bei schlechten oder belastenden Familiensituationen.

Trainerinnen oder Trainer sollten auch die Eltern umgehend kontaktieren, wenn ihnen etwas „seltsames oder nicht "normales" an den kleinen Fußballern auffällt. Hier erkennen wir die große Verantwortung der Trainer in einem weiteren Bereich.

Die Kinder brauchen gute Beziehungen zu Eltern und dem weiteren Umfeld, woran auch die Trainerin oder der Trainer arbeiten kann. Schnell erkennt das jeweilige Kind nun: Ich bin wertvoll und anderen nicht egal.

Wunderfußballer

In diesem sicheren positiven Bereich bauen Kinder Mut, Selbstbewusstsein und Resilienz auf. Sie entwickeln allgemeines Interesse, vitale Lebensenergie, Neugier, Fantasie, Kontaktfreude und können aggressive Energie kontrollieren.

Die Entwicklung der optimalen Resilienz bedeutet auch des Einbinden der Kinder für kleine Arbeiten wie den Frühstückstisch decken, Erdbeeren pflücken im Garten oder auch mal das Kehrblech zu benutzen. Solche kleinen Aufgaben sollen sie auch im Kindergarten und im Fußballtraining übertragen bekommen (heute trägst du mal die Leibchen oder die kleinen Pylonen usw.).

Und es ist ganz wichtig die Kinder für solche Verantwortung auch zu loben. Jetzt tragen sie etwas zur Gemeinschaft bei, und erfahren eine Wertschätzung. Schnell lernen sie dabei auch, habe ich Probleme, darf ich jederzeit um Hilfe bitten.

Jetzt kommt ein ganz wichtiger Punkt. In der Regel soll das Lob fast immer spezifisch auf ein Verhalten und nicht verallgemeinernd sein (Ausnahmen sind durchaus erlaubt).

Kinder verfügen von Natur aus über Eigenschaften wie Hilfsbereitschaft, Neugier, Empathie usw., die die Resilienz fördern. Aber die Erwachsenen haben immer wieder die Aufgabe diese Richtungen auch gezielt zu fördern.

Wir haben schon genug erwachsene Menschen, denen Empathie, Hilfsbereitschaft, Vorsicht, positive Neugier usw. verlorengegangen sind. Ist Ihnen nicht schon aufgefallen, wie viele Erwachsene oder Jugendliche in einem vollkommenen Egoismus leben. Wenn hier der Trainer oder die Trainerin den Kindern auch nur ein wenig mehr zur Resilienz verhilft, hat er oder sie mehr als nur ein Training mit den Kleinen durchlebt.

Aber Sieg und Niederlage, und damit Enttäuschungen, gehören natürlich zum Leben. Schon kleine Kinder müssen einiges einstecken und entwickeln Strategien, mit Enttäuschungen fertig zu werden. Wichtig ist auch, dass die Eltern und die Trainer beim Training und im Wettspiel richtig reagieren.

"Ich kann das, ich schaffe das" – und schon geht der Schuss daneben oder der Einwurf wird vollkommen falsch ausgeführt. Kinder schätzen ihre Fähigkeiten oft nicht realistisch ein, deswgen sind es ja Kinder. Natürlich gibt es auch Erwachsenene, die ihre Fähigkeiten oft falsch einschätzen, aber hier ist etwas in der Entwicklung falsch gelaufen und nicht unser Thema. Trainer können sie darin unterstützen, indem sie ihnen zu ihrem Alter passende Aufgaben stellen und immer wieder für kleine Erfolge loben. Zu leicht dürfen die Aufgaben nicht (immer) sein, denn Enttäuschungen unterstützen Kinder dabei, ihre falschen Einschätzungen zu korrigieren.

Manche Kinder schwätzen auch unentwegt, andere reden fast nie. Die Kunst der Trainer ist es hierbei, die Eigenart der Kinder zu respektieren, aber eine Plaudertasche auch einmal zu unterbrechen, wenn es gerade wirklich stört.

Kommen wir jetzt direkt zu einem weiteren wichtigen Punkt. Wenn ein Kind etwas scheinbar verletzendes oder beleidigendes zum Trainer oder zur Trainerin sagt, reagieren Sie in der Regel nicht darauf. Kinder meinen das nicht böse. In bestimmten Situationen muß man aber handeln, wenn zum Beispiel "schlimme Wörter" gesagt werden. Erklären Sie dem betreffenden Kind freundlich und sachlich, dass diese Wörter nicht schön sind, und man sie besser nicht sagt. Wenn man

das als Trainer deutlich erklärt, erzielt es seine positive Wirkung. Denn Sie haben eine Vorbildfunktion für die kleinen Fußballer.

Bewahren kann man die Kinder nicht immer vor negativen Dingen wie Enttäuschungen, Misserfolgen, Niederlagen, auch wenn man ihnen am liebsten nur eine heile Welt schaffen will. Das funktioniert nicht und ist auch nicht hilfreich, um die Kinder auf das Leben vorzubereiten. Trainerinnen und Trainer müssen die Kinder dabei unterstützen, Niederlagen und Enttäuschungen zu verdauen. Haben Kinder das gelernt, besitzen sie eine wichtige Schlüsselqualifikation für das Leben. Auffangen, sich mit ihnen freuen oder leiden und Erfolgserlebnisse anbieten, das ist wohl die beste Hilfe. Das Wichtige ist, das Selbstvertrauen der Kinder zu stärken, dann lassen sich auch Niederlagen leichter verarbeiten.

Und genau diese Förderung braucht unser absolute Ausnahmefußballer, damit er die perfekten Führungsqualitäten und die optimale Resilienz aufbauen kann.

.

 # Wunderfußballer

Steckbrief unseres fünften Sterns am Fußballhimmel (Zusammenfassung)

1. Hohe Schussgenauigkeit / Maximale Schussgeschwindigkeit 150 bis 200 km/h

2. Extrem enge Ballführung, höchste Passgenauigkit, großes Repertoire an Finten

3. 100 Meter Zeit zwischen 10,30 und 10,80, 30 Meter Zeit ohne Reaktionszeit zwischen 3,60 bis 3,70 Sekunden

4. Extreme Kopfballstärke

5. Hohe fußballspezifische Ausdauer mit einem Cooper-Testergebnis von 3500 bis 3800 Meter in 12 Minuten

6. Hervorragende Spielübersicht

7. Hohe Spielintelligenz

8. Extrem gute körperliche Robustheit

9. Optimales Immunsystem

10. Hohe Resilienz und ausgezeichnete Führungsqualitäten

11. 1,80 bis 1,92 Meter Körperhöhe mit einem Gewicht zwischen 76 und 90 Kilogramm

Wundersystem

Wundersystem

Nun kennen wir die Charaktere unseres absoluten Ausnah-mespielers, doch in welchem Spielsystem wird er unterwegs sein, und mit welchen Spielertypen wird er in seiner Mann-schaft agieren?
Auch hierauf kann ich den Leserinnen und Lesern die Antwort geben.

Es wird höchstwahrscheinlich ein 4-2-4-0 System sein, aber auch ein 3-2-5-0 oder 3-3-4-0 System ist denkbar.

Das 4-6-0 (4-2-4-0)

# Wundersystem

Das 4-6-0 System wollen wir als das Königs-System bezeichnen. Es kann nur sicher und in Perfektion gespielt werden, wenn alle Feldspieler technisch versiert und konditionell absolut austrainiert sind in Kombination mit einer hohen Spielintelligenz.

Aufgrund dieser Anforderungen wird das System nur selten gespielt. Aber Mannschaften, die im höchsten Profi-Bereich oder sogar eine Europa- oder Weltmeisterschaft gewinnen wollen, können nicht ständig mit einem leicht berechenbaren 4-2-3-1 spielen.

Hier stellt sich nebenbei die Frage, ob einige Länder nicht frischen Wind in ihre Nationalmannschaft bringen wollen, mit einem neuen nicht antiquierten Trainerstab.

Das 4-6-0 ist eigentlich ein 4-2-4-0 ohne einen wirklichen Stürmer. Die gegnerische Mannschaft findet überhaupt keine Zuordnung zu den Spielern in diesem System, da sie keine festen Positionen besitzen. Der Gegner wird verunsichert, und selber aus seinen Positionen herausgelockt. Dadurch entstehen zwangsläufig Lücken in der Abwehr.

Die vier Offensivspieler aus der sechser Reihe (4-6-0) müssen blitzschnell in diese Lücken vorstoßen, und brauchen hierfür die höchste Spielintelligenz.

Rumänien spielte 1994 im Viertelfinale als erste Mannschaft gegen Argentinien mit dieser Formation und gewann mit 3:2. Über die ganze Saison hinweg spielten 2005/06 der AS Rom und 2007/08 Manchester United das System.
Allerdings keine Mannschaft spielt momentan das 4-6-0

Wundersystem

besser als die spanische Nationalmannschaft. Aber auch dieses ist keine Garantie für ständige Siege (aber die Wahrscheinlichkeit eines Sieges erhöht sich deutlich), denken wir hierbei an das 1:1 in der Vorrunde gegen Italien (EM 2012).

Das 4-6-0 der Zukunft

In absoluter Perfektion gespielt, kann bei diesem System ein ständiger Positionswechsel vollzogen werden. Hierbei könnte jeder Feldspieler jederzeit Abwehr, Mittelfeld oder Angriff spielen. Für den Gegner ist es nun unmöglich, sich auf das Spielgeschehen einzustellen. Die Abwehrspieler bekommen es ständig mit einem neuen Angreifer zu tun, und die Stürmer werden permanent mit einem anderen Verteidiger konfrontiert. In dieser Perfektion wurde das System aber noch nie gespielt, weil dabei jeder Spieler extrem hohe konditionelle Fähigkeiten braucht und auch technisch keine Schwachpunkte haben darf.

Aber irgendwann wird es eine Profi-Mannschaft oder Nationalmannschaft geben, die diese Spieler besitzt, und dadurch nicht auszurechnen ist.

Mit anderen Worten diese Mannschaft würde ein 4-2-4-0 spielen, aber die Spieler bekommen vom Trainer jeden Freiraum zugesprochen, und können ihre Positionen wechseln wie sie möchten.

Voraussetzung ist natürlich, dass ein anderer Spieler die freigewordene Position sofort einnimmt (hierbei ist die Mannschaft perfekt eingespielt und versteht sich blind).

 # Wundersystem

Wie wird der Fußball auf höchstem Niveau bald aussehen?

Die Laufleistungen der Spieler werden weiter zunehmen und dadurch wird der Spielertyp durchweg leicht und athletisch sein. Der klassische Stürmer wird verschwinden und das Spiel trotzdem offensiver werden.
Schwergewichte wie Jan Koller, im Strafraum "festgewachsene Stürmer" wie Gerd Müller oder reine „Kopfballungeheuer" wie Horst Hrubesch werden im Profi-Geschäft seltener oder ganz verschwinden. Längst haben sich die Abwehrspieler und Torleute auf diese Spielertypen eingestellt und können sie relativ leicht ausschalten.
Die Leistung der Torwächter nimmt stetig zu und immer weniger Tore fallen aus Standardsituationen.

In Zukunft werden sich viele Mannschaften nicht mehr allein auf gute Abwehrarbeit verlassen, um dann häufig durch Standardsituationen im Angriff zu treffen.
Nein, die gegnerische Mannschaft wird durch Kurzpassspiel und Positionswechsel schwindelig gespielt und im entscheidenden Moment erfolgt der Pass in die Lücke mit abschließendem Torschuss.

Genau in diesem System wird unser absoluter Ausnahme-fußballer spielen (4-2-4-0, 3-3-4-0 oder 3-2-5-0).

Doch welcher Verein wird das sein? Hier kommt natürlich nur ein Verein in Frage, der ein sehr hohes Kapital besitzt wie FC Barcelona, Real Madrid, FC Bayern München, Manchester

 # Wundersystem

United, FC Liverpool oder Manchester City.
Aber eines ist sicher, dieser Fußballer, diese Mannschaft und
dieses Spielsystem werden gemeinsam irgendwann in Erscheinung treten.

 **Notizen**